本にまつわる世界のことば

著 温又柔
　 斎藤真理子
　 中村菜穂
　 藤井光
　 藤野可織
　 松田青子
　 宮下遼
絵 長崎訓子

創元社

まえがき

フランス語では、黄昏どきのことを「犬と狼のあいだ」（entre chien et loup）と言うそうです。その時刻になると犬と狼の見分けがつかなくなるから、と。日の光はまだあるのにちょっと暗くなって、自分のまわりがおぼろげになってしまうあの雰囲気を、見事に言い表したことばです。

僕はこの表現を知ってから、夕暮れの光のなかで我が家の柴犬を見ると、そこに狼の姿が重なるようになりました。とはいっても、ニホンオオカミは絶滅してしまったので、ぼんやりしたイメージでしかありませんが。

ふとしたことばが、まわりの世界を見る目や、世界との接し方を変えてくれる。僕が本を読むのは、そんな瞬間を求めているからかもしれません。

世界のあちこちで、何かを求めて本を手に取り、夢中で読みふける人たち。何百年も、ときには何千年も続けられてきた読書という営みのなかで、多くのことばがこれまでに生み出され、今も使われる日常のことばとして定着しています。

日本語だと「積ん読」という見事な言葉遊びが挙げられるでしょうか。英語にも "bibliomania" をはじめとして、何かと本を買ってため込んでしまう人や行動を指すことばはいくつもありますが、「積ん読」には独特の魅力があるようです。21世紀に入って英語圏にデビューした "tsundoku" ということばは、読書好きのあいだで人気の表現になりつつあります。

本や読書とともに育まれてきた人々は、独特のことばを作り出してきました。そのなかには、ことばや本というものをまた違った目で見るきっかけになるようなものが多くあるはずです。言ってみればそれは、「ことばをめぐることば」の

豊かさを知る機会でもあります。

　そうした思いから、各国語に詳しい方々に、どんな独特の表現が存在するのかを教えてもらうことにしました。そうした表現を集めて、意味や使われ方を載せるだけでも、じゅうぶんに面白い本になっただろうと思います。でも、日頃から僕が好きな作家や翻訳家の方々が集まってくれたので、ちょっとわがままを言わせてもらい、それぞれの表現の味わいがさらに増すようなショートストーリーかエッセイをつけていただくこともお願いしました。そこに魅力あふれる挿画をつけてもらうという贅沢まで叶えてもらい、この本が完成しました。

　単語から慣用句、ことわざまで、出揃ったことばの多彩さ、それをさらに色あざやかにしてくれる物語やエッセイ、そしてイラストの共演を、楽しんでいただけたらと思います。もちろんまだまだ数は少ないですし、フランス語では僕がちょっと脱線してしまい、厳密には読書関係ではないものがちょっとだけ紛れ込んでいますが、どうぞご容赦ください。

　おまけとして、それぞれの文章に、文学作品など、何かの本につながる糸を一本だけ盛り込んでもらいました。そうした糸をたどって、さらに多くの本やことばと出会うきっかけにしてもらえれば、これほどうれしいことはありません。

2018年8月　京都にて

著者代表　藤井光

目　次

まえがき …………………………………… 002
目次 ……………………………………………… 004

本にまつわる言葉から創作したショートストーリー　007

ブクヴォエード ………………………………… **008**
ロシア語

ビント・シャファ ……………………………… **010**
アラビア語

ラオ・シュ・ケン・シュー・イャオ・ウェン・ジャオ・ズー … **012**
中国語

エクリール・コム・アン・コション ……………… **016**
フランス語

ドッグ・イヤー ………………………………… **020**
英語

エー・エス・ディー・エフ・ジェー・ケー・エル ……… **022**
英語

ラ・モール・ドゥ・プティ・シュヴァル …………… **024**
フランス語

ナナメヨミ ……………………………………… **028**
日本語

ファン・リィエン・ビー・ファン・シュ・ハイ・クァイ … **030**
中国語

ページ・ターナー ……………………………… **034**
英語

ペジャヴュ ……………………………………… **036**
英語

ペップドソ ……………………………………… **038**
韓国語

カツジバナレ …………………………………… **040**
日本語

イツとイチュ …………………………………… **042**
バスク語

レトラエリード ………………………………… **044**
スペイン語

アズ・ガウンカ・メズ・ボウク・イー・マガニュム … **045**
アイスランド語

ビサーチ・フ・ストール ………………………… **046**
ロシア語

ナズム …………………………………………… **048**
アラビア語

本にまつわる言葉にかんするエッセイ、その他の単語　051

ジェルデ・ドッヴォム …………………………… **052**
ペルシア語

マスナヴィーイェ・ハフタード・マン・カーガズ …… **054**
ペルシア語

ソズ ……………………………………………… **056**
トルコ語

シャルク、テュルキュ ………………………… **058**
トルコ語

ケタービー・ネシャスタン ……………………… **060**
ペルシア語

ハルハーン … 062 ペルシア語	リテラトゥラ・ド・シュプリーク … 082 チェコ語
エブル … 064 トルコ語	ネズヴァル … 083 チェコ語
オヤランマク … 066 トルコ語	バイト、サバブ、ミスラーア … 084 アラビア語
ピルドクソ … 068 韓国語	バハル、ワティド … 085 アラビア語
チェクチャン … 069 韓国語	ダス・イスト・アイン・ゲディヒト … 086 ドイツ語
ソンムルハギ　チョウン　チェク … 070 韓国語	リテラート … 087 ドイツ語
ディーヴァーン … 072 ペルシア語	ダス・コムト・ミア・シュパーニッシュ・フォア … 088 ドイツ語
ヴァラグ・ザダン … 074 ペルシア語	ベヘールデンヒネージッシュ … 089 ドイツ語
クニホモル … 076 チェコ語	ウンビリクス … 090 ラテン語
ラ・ド・ビブリオテーク … 077 フランス語	ロシニョール … 091 フランス語
トラデュットーレ、トラディトーレ … 078 イタリア語	ムサウワダ … 092 アラビア語
エー・アール・シー … 079 英語	カームース … 093 アラビア語
ツンドク … 080 日本語	
ヴィー・エア・イム・ブーフ・シュテート … 081 ドイツ語	関連図書紹介 … 094 著者紹介 … 100

本文中では著者名を
イニシャルで表記しています。

OY　温又柔
SM　斎藤真理子
NN　中村菜穂
FH　藤井光
FK　藤野可織
MA　松田青子
MR　宮下遼

本にまつわる言葉から創作したショートストーリー

short story

bukvoed

ブクヴォエード　буквоед　[ロシア語]

本の虫。直訳では「文字を食べる」。
内容ではなく文字や形式にこだわる人を皮肉る場合に使うこともある。

→ アントン・チェーホフ『桜の園』

　彼は大食漢で毎日腹一杯食べたが、ある頃から痩せはじめた。フライドポテトを山ほど添えた分厚いステーキ、生みたて卵を二つものせたピカピカ光る白米、ぬらぬらしたテリーヌやパテ、贅を尽くしてみても、体重は減るばかりだった。家族は心配し、恋人は抱き合うとあばらが当たって痛いと去っていった。医者は原因がわからない症状は嫌だなあと曇った表情を隠しもしない。てっとり早くカロリーを摂取しようと、彼は松屋やマクドナルドに足繁く通ったが意味がなかった。骨と皮になり果て、動くこともままならなくなった彼は、ソファーに横たわって死を待つのみ。その瞬間、左手がソファーの背もたれとクッションの隙間に埋もれていた硬いものに触れた。力を振り絞って引っ張り出すと、それは古びた『桜の園』だった。水分がなくなった指では厄介な作業ではあったが、彼はなんとかしてページを開いた。

　次の日、彼の頬は生気を取り戻し、体重は増えていた。思えば、このところ、一文字も食べていなかったのである。彼は本屋に駆け込んだ。(MA)

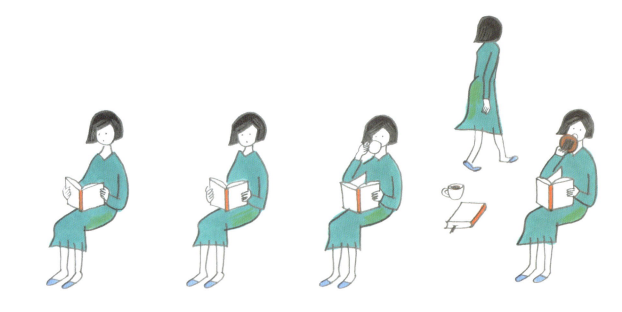

bint shafa

ビント・シャファ　بنت شفة　［アラビア語］

言葉、語。直訳では「くちびるの娘」。

→ アーザル・ナフィーシー『テヘランでロリータを読む』

『テヘランでロリータを読む』を読む。『テヘランでロリータを読む』を彼女は読む。『テヘランでロリータを読む』のは彼女。『テヘランでロリータを読む』を読む彼女は、同時にお茶を飲む。『テヘランでロリータを読む』を読む彼女は同時にお茶を飲むが、砂糖は入れない。『テヘランでロリータを読む』を読む彼女はお茶に砂糖は入れず、煎餅をかじる。『テヘランでロリータを読む』を読む彼女は、『テヘランでロリータを読む』に出てくる『テヘランでロリータを読む』娘たちではない。『テヘランでロリータを読む』娘たちではない彼女は、ひとり『テヘランでロリータを読む』を読む。『テヘランでロリータを読む』娘たちはかしましく語り合い笑い合い、『テヘランでロリータを読む』を日本で読む彼女は、娘たちのくちびるを、情熱的で、聡明な言葉を生み出すそのくちびるに憧れる。(MA)

老鼠啃書 – 咬文嚼字

ラオ・シュ・ケン・シュ － イャォ・ウェン・ジャオ・ズー　［中国語］

文章の字面にばかりこだわる。本当の意味を理解しようとしない。直訳では「ネズミが本を噛む」。

老鼠たちのご馳走

昔々、ミンコクとキョウワコクという名の鼠が二匹、海を挟んで暮らしていました。

二匹はいつも、チューチューチュー、チューゴクは我のもの、と争っています。
チューチューチュー、我こそがチューゴク人である、と睨み合っているのです。

どちらも揃って眼は真っ赤っか、牙はぴかぴかとがってて、
ミンコクは右の前歯が、キョウワコクは左の前歯が、欠けています。

チューチュー、チューゴク、ゴクゴクゴク。

→ 魯迅『狂人日記』

シーシンサンミンヂュイージェジゥダールードンバオ
「實行三民主義解救大陸同胞」

を、ミンコクはゴクゴクゴクゴク、まるのみすることで日々の腹を満たします。

ゾントンジィァンゴンジャイェンリュ
「総統蒋公嘉言録」

は、ミンコクの唯一にして究極の食糧。

グェァミンブーシーチンクェァチーファンタイワンシーイーディンイャォジェファンディ
「革命不是请客吃饭台湾是一定要解放的」

を、キョウワコクはゴクゴクゴクとつめこんで、腹を一日分満たします。

マオヂュシーユールー
「毛主席语录」

は、キョウワコクの唯一かつ至高の食糧。

味なんか知ったこっちゃないさ。

それしか喰えるものがないんだ。まるのみしなくちゃ飢えてしまう。

喰えりゃそれでいい。

文字なんてそんなものさ。

いがみ合いながらも、ミンコクとキョウワコクはいつも同じことを考えています。

どちらもそれを忘れたがっているけれど二匹の鼠はかつてどちらも、
ダイトウアという名の鼠に「教育ニ関スル勅語」を無理やり喰わされた過去がありました。

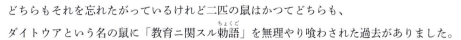

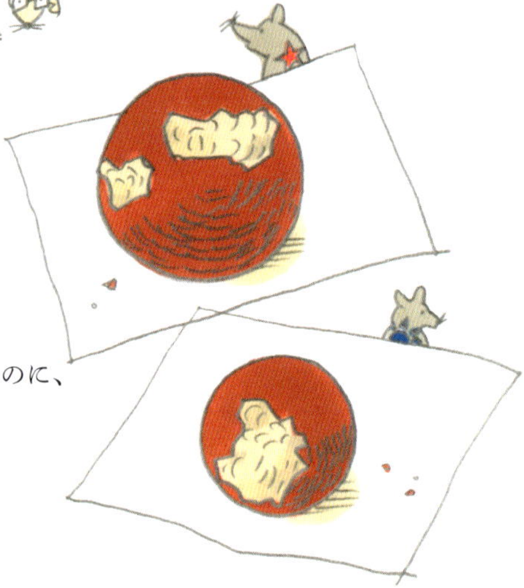

「解救大陸同胞」（ジェジゥダールートンパオ）と「台湾是一定要解放的」（タイワンシーイーディンイャオジェファンディ）に覆われた腹の底にこびりついた「斯ノ道ハ實ニ我カ皇祖皇宗ノ遺訓ニシテ子孫臣民ノ倶ニ遵守スヘキ所之ヲ古今ニ通シテ謬ラス之ヲ中外ニ施シテ悖ラス」が時々疼くことがある。

ほんとうはそのことをわかち合い互いを慰め合ったっておかしくないのに、

でも、

ミンコクとキョウワコクは

争い合うことに

慣れすぎてしまって

争っていないと不安になって

しかたがないのです。

きょうもまた……

ミンコクが自分は四千歳だとうそぶき、

キョウワコクはそれならこちとら四千一歳と言い張っています。

ミンコクとキョウワコクが子鼠だった頃とは、

どんなに長く見積もっても、たった数十年前でしかないのに。

「太陽も出ない。戸も開かない。毎日二度の飯」

ミンコクとキョウワコクの腹を膨らます
「総統蒋公嘉言録」と「毛主席语录」の原料は実はまったく同じものなのに。

チューチューチュー、我こそがチューゴク人である。

一途な鼠たちは味のしない文字で腹を膨らませて、
きょうもチューチューチューゴクは我のもの、
と争うことで生き延びています。(OY)

écrire comme

エクリール・コム・アン・コション　［フランス語］

字が汚い。直訳では「豚のように字を書く」。

→ 夏目漱石『夢十夜』より「第十夜」

　私の求婚に対し、彼は青ざめて首を横に振った。
「なんでよ？」私は飛び起きた。
「だって俺、まだ未成年だから」彼は枕に顔を押し付けてしくしく泣き出した。
「ハァ？　あんたもう30超えてんじゃん」
「でも未成年なんだよ」彼はしゃくりあげた。「俺の田舎じゃ」彼が聞いたこともない土地の出身なのは知ってる。「成人の儀式が」
「成人式がどうかしたの？」
「成人の儀式」彼が訂正した。

un cochon

　彼によると、成人の儀式とは次のようなものらしい。20歳を迎えた者は、まず岸壁すれすれに立たされる。そこへ村中から集められた豚がけしかけられる。その豚どもを一匹一匹杖(つえ)で打って崖の下へ落とし切ったら晴れて成人と認められる。打ち損じるか体力が尽きて豚に舐(な)められたら一生未成年。崖から落ちたら死ぬ。

017

「で、舐められたってわけ？」
「そう」彼は弱々しく言った。「舐められた者は、字を美しく書く権利を失う。利き手の筋が切られるんだ」
「えっ、高校生んときバイクで事故ったって言ってなかった？」
「俺の田舎じゃ、美しい字は立派な成人の証だ。俺の字、豚が書いたみたいだろ？」
　豚が書いた字なんて見たことないからわからない。まあ子どもの字みたいではある。
「私は別にあなたの字がひどくてもかまわないけど」私は再度求婚した。「ときどき読めるし」
「だから未成年だって言ってんだろ！」彼が顔を真っ赤にして怒鳴った。怒鳴られるなんてはじめてだった。私もかっとして「じゃあんたのせいで私、性犯罪者じゃねえかよ！」と叫び、彼をベッドから蹴り出した。それでも腹立ちがおさまらなかったので、ワンルームからも蹴り出し、服をまとめて玄関から放り出してやった。

　それきり彼とは会っていない。田舎に帰ったらしいとも聞くし、ディズニーシーで女の人と歩いてたって話も聞く。うちには変なパナマ帽が残っている。服といっしょに放り出すのを忘れてた彼のお気に入りだ。かぶってみたらけっこう似合ったので、私が愛用している。(FK)

Dog-ear

ドッグ・イヤー　［英語］

本のページの隅を折り曲げて印をつける行為を指す動詞。
折ったページが犬の耳のような形になることからそう呼ばれる。
子犬時代の柴犬の耳も参照のこと。

→ キルメン・ウリベ『ビルバオ - ニューヨーク - ビルバオ』

　本に首輪をつけて、散歩に連れていった。
　本との散歩は楽しい。やたら強い力でリードを引っ張られるときもあれば、のんびり穏やかに歩いていけるときもあるけれど、いつも、まだ見たことのない場所に私を連れていってくれる。
　今日の行き先はバスク地方だ。旅に出る作家が、家族のことや故郷の人々のこと、独立運動をめぐる紛争のことなど、小説の素材になるエピソードを次々に紹介していく。次々に変わる風景を歩いていくと、やがて見えてきた言葉に、私の足は止まる。「僕はずっとこれとともに生きてきた。紛争が三十六年、平和だったのはほんの二、三年。なんてわずかな時間だろう」
　ちょっと折っていいかな、と私は本にきいて、耳をぺたんと折らせてもらう。本はどこか照れ臭そうに、でも嬉しそうに歯を見せて、次の場所に歩いていく。(FH)

asdfjkl

エー・エス・ディー・エフ・ジェー・ケー・エル　［英語］

読書などが盛り上がってきたときに用事などで中断された際、苛立ちから発せられる言葉。パソコンのキーボードで横一列に並ぶアルファベットを左手から右手の順で打つことで成立する綴りゆえに、イラっとした感情に任せて打ち込めるのが利点である。

→ セサル・アイラ『文学会議』

　もともとはアイスランド北西部に生息していたとされる、幻の未確認生物。1283年にノルウェーの部隊が同地を探索した旅を語る冒険譚(サーガ)の草稿にある、「目指していた氷河の先端にあと少しで着くという、まさにその時にasdfjkl」という記載が最古の記録である。探検隊は未知の生物に襲われて全滅したものと推定されている。

　その後の記録は、17世紀の北アフリカ、19世紀のフィンランドなどで散発的に見られるにすぎないが、20世紀終盤から、英語圏で目撃情報が激増する。ひとりで読書に耽(ふけ)る男女を、しかもその楽しみが最高潮に達しようというときに、その生物は襲いかかる。被害者は、たとえば「フエンテスのクローン製造？　しかもそれが暴走？　でもそんなときに限ってasdfjkl！」とメッセージを残すが、その後は何事もなかったように日常生活を続ける。あまりに報告が広範囲にわたり、後遺症も確認されないため、関係当局はこの生物は無害化したものと宣言し、現在に至っている。(FH)

la mort du pet

ラ・モール・ドゥ・プティ・シュヴァル　[フランス語]

悲劇、話の終わり、一巻の終わり。
直訳では「小さな馬の死」。

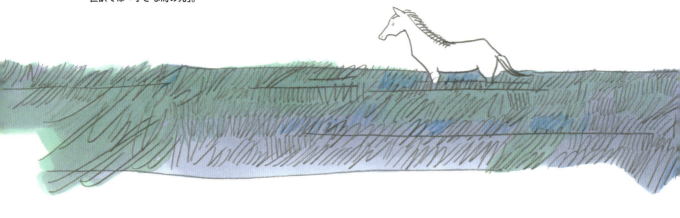

→ モンゴル民話『スーホの白い馬』、ブライアン・エヴンソン「ダップルグリム」

it cheval

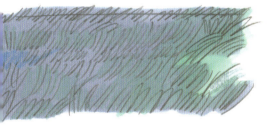

　私は馬を殺したことがある。大昔、モンゴルの片田舎の領主だったころの話だ。私が命じ、部下たちが矢で射た。馬は私たちの目の前では死なず、矢を身に受けながら走り去った。白くてきれいでまだ若く、足の速い馬だった。小汚い子どもから取り上げた馬だった。私を振り落として逃げたので、とっさに殺せと号令をかけてしまったのだ。あの馬はもとの飼い主のもとへ戻ってから死んだそうだ。子どもは死んだ馬を解体して楽器に仕立てたそうだ。まさにこのようにして物語はできあがる。物語とは、ある程度状態の完了した現実を解体し、組み直すという作業によって生まれるからである。馬は死をもって完了し、その作用として物語となった。

　私はその物語を、何百年も経ってから絵本で読み聞かされた。それではじめて、私は自分が馬殺しだったのだと知った。モンゴルで領主をやっていたときには、あの馬が結局どうなったのかわからないままだったのだ。楽器になったことも知らなかった。惜しいことをした、と幼児の私は思った。馬が死んだことを嘆いてあの子どもが爪弾く楽の音は、馬に逃げられてプライドが傷ついた私にとって大きな慰めとなっただろうに。

　それからまた何百年も経って、すばらしい馬を従えた強い王

025

のうわさを耳にした。私はたちまちうんざりした。せっかく馬のことなど思い出しもしないで楽しく暮らしていたのに。おそらくその馬はかつて私が殺した馬なのだろう。私は馬に挨拶をしに行くことにした。馬が私を恨んで蹴り殺すならそれでもよい、とっとと死ねばその分はやく次の生がもたらされるだろう。うまくいけば、馬は怯えるかもしれない。私を見て王のすばらしい馬とやらが怯えたら、さぞかし愉快だろう。

　城を訪ねると求職者と見なされ、王の前に通された。王はとても疲れているようだった。やがて王は億劫げに、そのくせ淀みなく語り始めた。王は、馬は黒いまだらのある灰色をしていると言った。他のどの馬よりもはるかに大きいと。それで私は、これは勘違いをしたかもしれないなと思った。私が殺した馬とはずいぶん様子がちがうようだから。しかし、まだ王の話は終わらなかった。私は黙って聞き続けるしかなかった。王は、自分のなしてきたあまたの有名な残虐行為はすべて馬に命じられて果たしたことであると言った。実のところ自分は馬を従えているのではなく、馬に支配されているのだと告白した。そのうちに私は、どうもこの王には見覚えがあるなと思った。そしてついに、はたとあのモンゴルの子どもだと気が付いた。この王は、私が殺した白い馬の飼い主だったあの小汚い子どもだ。

　私はあわてて頭を垂れ、顔が笑いに引き攣ったのを隠した。今回は馬の死もなしに、なんとまあうまく物語を語るじゃないか。
　やがて王の話は終わった。当然だ。物語は、必ず終わるものと決まっている。
　けれどそのあとも疲れ切った王は存在をやめず、かしずく私も存在をやめず、王の背後には、まだ見ぬ呪われた馬が存在をやめずにいるのが感じられた。王は私を雇い入れるだろう。私は王とともに馬に仕えるだろう。なぜなら物語とちがって、現実は連綿として続いていくのだから。ましてや馬も生きているのだし。(FK)

ななめ読み　ナナメヨミ［日本語］

一行一行を注意しては読まず、飛ばし飛ばしにどんどん読むこと。

私の息子は、ななめに読む才能があった。
　幼くしてそうだった。はじめにその才能に気づいたのは、今日は絵本をうまくななめに読めました、と連絡帳に記した保母さんだった。よくできました、と丸文字で書かれたシールが貼ってあったことを覚えている。
　小学校の担任教師は、国語の授業でななめに読んだ息子の解釈がいかに素晴らしいものだったかを語り、感極まったように涙を流した。教師の赤い目を見ながら、就職組だった夫と私のもとに、なぜ息子のような子どもが産まれたのだろうと、私は不思議だった。私の隣で、息子は興味のなさそうな表情をして、窓の外を見ていた。とんびが横切った。それを合図に、息子はもういいでしょとでもいうように、私のスーツの肩パッドに触れた。分厚い肩パッドの向こうから、息子の気持ちが伝わってくるようだった。帰り道、私たちは手をつないで帰った。二人とも、なぜか一言も話さなかった。

井伏鱒二『山椒魚』

高校生の頃、息子はななめ読み大会で地区の代表になった。課題は『山椒魚』だった。どんな話なのと息子に聞くと、息子は右手の親指と人差し指をくっつけるようにして、こんな短い話、と言った。そんなに短くて、ななめに読むことができるの、と私が首をかしげると、息子は、そうだね、と答えた。息子は最終的に、全国大会で優勝した。

息子がななめに読むと、どんな物語も生まれ変わった。この頃になると、息子はななめに読む角度を自由自在に操れるようになっていた。25度、42度、86度。角度によって、息子は物語に新たな物語を与えた。息子さんは、私なんかのはるかかなたの次元にいますと、国語教師は親である私よりも誇らしげに胸を張った。息子は教師から目をそらし、無表情で耳たぶを揉んでいた。

だからだろうか、もうななめに読むのはやめる、と息子が宣言したとき、私はあまり驚かなかった。自宅に押しかけた担任教師と副校長に問われた息子は、にやっと笑い、「もうだめなようだ。」と一言言った。それはありし日の短い物語のまっすぐな引用だったが、本を読む習慣のない私はそのことに気づかずにお茶をいれていた。

(MA)

翻臉比翻書還快

ファン・リィエン・ビー・ファン・シュ・ハイ・クァイ　［中国語］

顔つきをがらりと変える。急にそっぽを向く。
突然仲たがいする。急に怒りだす。
直訳では「顔つきの変わる早さは本のページを開く早さと相当する」。

私たちは文字

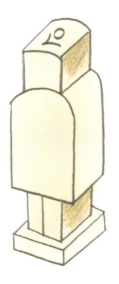

私たちは文字。

この島では
私たちは私たちというだけで
ただそれだけで、敬われた。
島の子どもたちは
私たちをよく読み、よく書くようにと躾(しつ)けられる
やがて大人になったこどもたちのうちの何人かは
私たちを巧みにつかいこなして
立派な書物をしたためた。

→ ジュリー・オオツカ『屋根裏の仏さま』

私たちは文字。国民を薫陶(くんとう)するなら私たちだ。

そのような栄光が半世紀あまり続いたのち、
私たちは
私たちが私たちというだけで
ただそれだけで、
毒を含んでいるとみなされ
次々とひっとらえられることになった。

焼かれた者が大多数
裂かれた者も大多数
かろうじて生き残った私たちの何人かは
光の射さぬ書庫の底の底に打ち捨てられ
息を殺しつつ身をよせる。

私たちは固く禁じられ、
私たちのみならず
私たちをより巧みに読み書く者は、毒をまき散らす者として殺される。
そのようなことも
あるとか、ないとか……あの子など真っ先に……
口を慎め。

031

私たちは文字。国民を惑わす毒をもつ。

一寸先は闇、生き延びた私たちは光の射さぬ地下室で読まれぬ月日を重ねるばかり。
日に日に私たちを読める者は島からいなくなり、
百年のまた半分ほどが過ぎたあと、
私たちが刻まれた紙のうえに、久々に光が届く。

私たちが刻まれた本や書類を、
この国の貴重な歴史資料として丹念に扱う者たちの真摯なまなざしに晒(さら)されながら私たちは、
この者たちこそ、私たちをこの島にもちこみ、
この島の人々を支配しようとたくらんだ者たちの直系の子孫たちだと知る。
かれらは私たちの救世主などではない。
それでも、読まれないよりは、ましなのだ。
私たちにとっては。(OY)

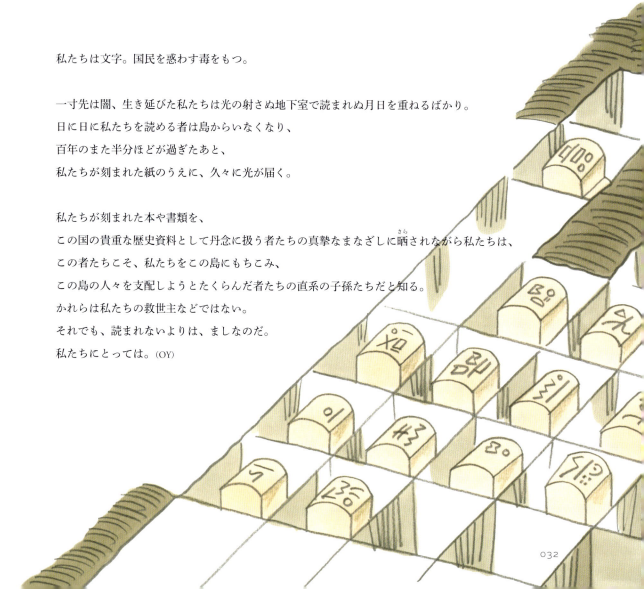

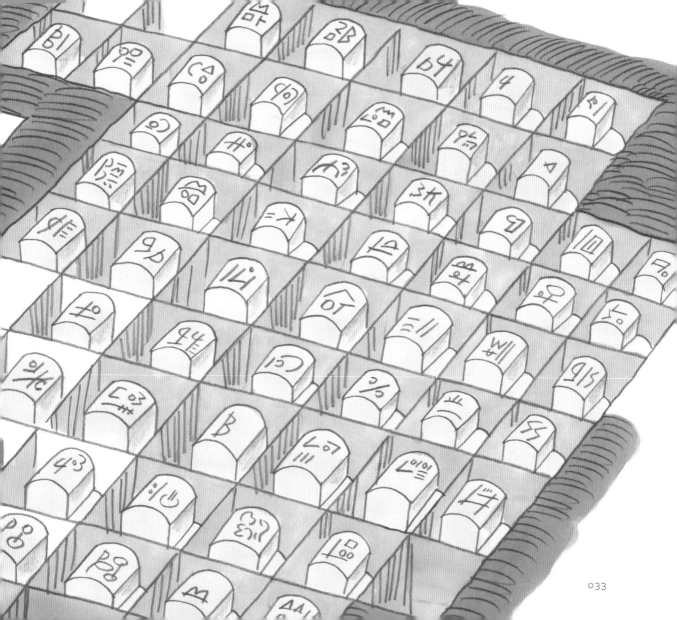

page-turner

ページ・ターナー　［英語］

読書が途中でやめられなくなるほど面白い本を指す、「ページをめくらせるもの」という意味の単語。比較的長い長編でありながら、巧みに読者を結末まで引き付けるタイプの小説によく使われる。「一気読み」とも。

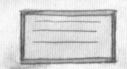

1977年11月　日刊紙「フォルス・スペクタクル」連日の見出し

「ジミー・ペイジとティナ・ターナーに誘拐予告」

「三週間後に実行と　予告犯の手がかりなし」

「ペイジを守れ　レッド・ツェッペリンは警備強化」

→ *G・K・チェスタトン『新ナポレオン奇譚』

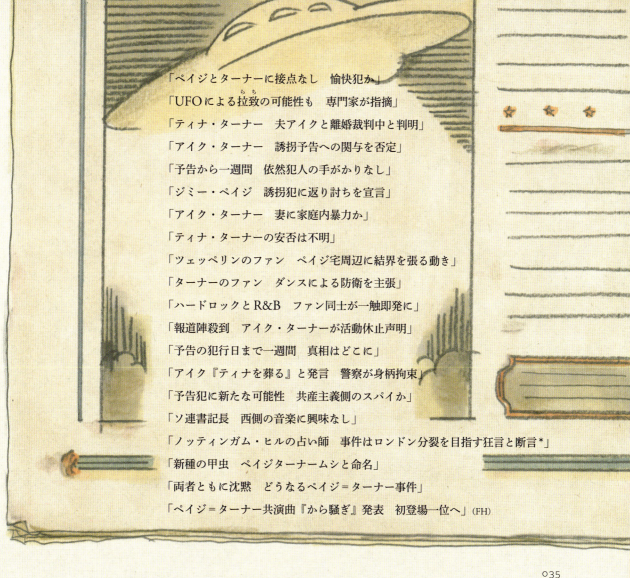

「ペイジとターナーに接点なし　愉快犯か」
「UFOによる拉致の可能性も　専門家が指摘」
「ティナ・ターナー　夫アイクと離婚裁判中と判明」
「アイク・ターナー　誘拐予告への関与を否定」
「予告から一週間　依然犯人の手がかりなし」
「ジミー・ペイジ　誘拐犯に返り討ちを宣言」
「アイク・ターナー　妻に家庭内暴力か」
「ティナ・ターナーの安否は不明」
「ツェッペリンのファン　ペイジ宅周辺に結界を張る動き」
「ターナーのファン　ダンスによる防衛を主張」
「ハードロックとR&B　ファン同士が一触即発に」
「報道陣殺到　アイク・ターナーが活動休止声明」
「予告の犯行日まで一週間　真相はどこに」
「アイク『ティナを葬る』と発言　警察が身柄拘束」
「予告犯に新たな可能性　共産主義側のスパイか」
「ソ連書記長　西側の音楽に興味なし」
「ノッティンガム・ヒルの占い師　事件はロンドン分裂を目指す狂言と断言*」
「新種の甲虫　ペイジターナームシと命名」
「両者ともに沈黙　どうなるペイジ＝ターナー事件」
「ペイジ＝ターナー共演曲『から騒ぎ』発表　初登場一位へ」(FH)

page-a-vu

ペジャヴュ　［英語］

初めて手にして読むはずの本が、どういうわけか以前にも読んだことがあるような気がするという感覚。
フランス語由来の「既視感」を指す単語 "déjà-vu"（デジャヴュ）をもじったことばだが、期待されたほど普及せず。

　何日でも、何週間でも、私はひたすら待つことができる。仲間たちと一緒に。それは私のようなものに与えられた宿命であり、希望の源でもある。きっといつか、見てもらえるのだから。
　私はいくつかの文字でできている。「私たちの呼吸する大気には、いわゆる不活性ガスが含まれている」それが私だ。ちなみに、隣にいる仲間はふたりとも「それらは」で始まる。私は勝手に、「それらは兄弟」と呼んでいる。始まりはそっくりなのに、兄弟の性格はまったく違う。よく言い争っているが、仲はいい。
　果てしなく並ぶ仲間たちがどこまで続くのか、どこにたどり着くのか、私にはわからない。行が続いていく先には、大きな穴がぽっかりと口を開いているんだよ、と兄弟のひとりは言う。文字がひとつまたひとつと落ちていき、すべての仲間はいずれ食らい尽くされる運命なのだと。おい何言ってるんだ、ともう

⟶ プリーモ・レーヴィ『周期律——元素追想』

　片方は反論する。文字の果ての地まで行けば、すべての文字は紙から解き放たれて浮かび上がり、空で螺旋状に絡み合っているんだ。その螺旋は輪になって光のなかを回転していて、仲間たちには永遠の命が与えられるんだぞ。

　本当のところはどうなのか。それを知りたいと思い、仲間に伝言をしてもらったことがある。文字の続く先には何があるのか？　私から兄弟に、兄弟から隣の仲間に囁き声で伝えてもらい、最後の仲間が見た答えが返ってくるのを何年も待った。でも、返ってはこなかった。あと十年は待つ必要があるのかもしれない。

　待つ日々は唐突に終わる。ふと引っ張り出され、広げられ、そして、顔と対面することになる。ほとんどは初めて見る顔なのに、そうして向かい合うたびに、私はめまいのような感覚に襲われる。前にも、それを見たことがある。何度となく。どこか不安げで、好奇心が入り混じり、先に進みたくて仕方がないという、その表情を。文字の果てにたどり着くとき、その顔はどうなっているのだろう。（FH）

百 部 図 書

ペップドソ　백부도서　［韓国語］

「百部図書」は朝鮮民主主義人民共和国で実際に行われている制度。
日本を含む世界各国の小説を翻訳させて百部だけ印刷し、
創作の参考のために作家同盟の作家に回覧させるもの。
脱北してきた作家たちによってその実態が明らかになりつつある。

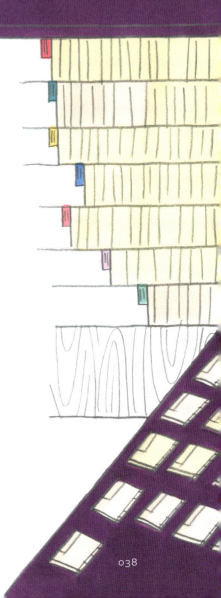

→ 金柱星『跳べない蛙』、『越えてくる者、迎えいれる者——脱北作家・韓国作家共同小説集』

　百部だけ印刷された貴重な小説本の管理をKは任されている。「百部(ペップ)」と呼び習わされたそれは、国から支給された、貴重な上にも貴重な本だ。一定期間内に作家同盟のメンバーに回覧させ、期限までに回収して返却しなくてはならない。作家ではない一般人に読ませるなんて、もってのほかだ。もしも一冊でも足りなかったら、とんでもない責任問題になる。収容所に送られてしまうかもしれないし、もしかすると命が危ない。

　でも、めったに読めない面白い小説が回ってくるのだから、作家たちもなかなか返してくれない。Kは彼らにしつこく督促(とくそく)して、ようやく百部を回収した。ほっとして眠りにつき、翌朝念のためもう一度数え直した。おかしい。昨日はちゃんと百部あったのに。どうしてこんなことが？　何度数え直しても結果は同じだ。

　百一冊あるのだ。受け取ったときも、昨日も、確かに百冊だったのに。記録はちゃんと取ったのに。一冊はどこから来たのだろう？

　これは罠だろうか？　正直に言うべきか？　とにかく、どれが余分な一冊なのかを確かめなくてはならないが、どうしたものか。O・ヘンリーの「最後の一葉」を含む短編集だ。「101！」と声をかけたら、その一冊があの葉っぱのように机から落ちてくれないだろうか？　期限は迫っている。Kは息を飲み、まさかと思いつつ、「101！」と叫ぶタイミングを測りかねて立ち尽くしている。(SM)

039

活字離れ

カツジバナレ　［日本語］

本や新聞など、
印刷された文字で構成される
あるまとまった分量の文章を読まなくなること。

→ レイ・ヴクサヴィッチ「僕らが天王星に着くころ」

040

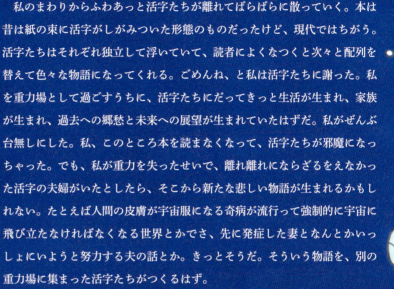

　私のまわりからふわあっと活字たちが離れてばらばらに散っていく。本は昔は紙の束に活字がしがみついた形態のものだったけど、現代ではちがう。活字たちはそれぞれ独立して浮いていて、読者によくなつくと次々と配列を替えて色々な物語になってくれる。ごめんね、と私は活字たちに謝った。私を重力場として過ごすうちに、活字たちにだってきっと生活が生まれ、家族が生まれ、過去への郷愁と未来への展望が生まれていたはずだ。私がぜんぶ台無しにした。私、このところ本を読まなくなって、活字たちが邪魔になっちゃった。でも、私が重力を失ったせいで、離れ離れにならざるをえなかった活字の夫婦がいたとしたら、そこから新たな悲しい物語が生まれるかもしれない。たとえば人間の皮膚が宇宙服になる奇病が流行って強制的に宇宙に飛び立たなければなくなる世界とかでさ、先に発症した妻となんとかいっしょにいようと努力する夫の話とか。きっとそうだ。そういう物語を、別の重力場に集まった活字たちがつくるはず。

　だから私は、謝ってるのはうわべだけで、じっさいは大して悪いとは思っていない。私は今や無重力、別のやり方で人生を楽しんでる——本を読まないでも生きていくことはできるし、それに物語って本の中にだけあるわけじゃないし。活字たち、私のせいで生き別れた友人や家族のみんな、いつかまた私もあなたたちの重力場になるかも。そうしたら、また新しい生活が、新しい家族が、新しい過去への郷愁が、新しい未来への展望が私の体のまわりで幾度となく組み直される、そのときまでしばらくさよなら。(FK)

hitz と hits

イツとイチュ　［バスク語］

hitz（イツ）は言葉。hits（イチュ）は悲しみ。音が少し違うだけで、意味が大きく異なる。

　　どう考えても近いうちに人類は絶滅するようだった。そうはならないと言う者たちもいたが、根拠はなかった。そんなさなかに件が生まれたので、その件は人類の存続についての予言をするために生まれたにちがいないということになった。けれどいざというときになって、せっかく集まった人々はみな、散り散りに逃げてしまった。予言を聞くのが怖かったのだ。

　　誰もいない月夜の広い広い原で、件はたったひとりで誰も聞かない予言をつぶやく。それは、何百年も伝わる古い物語の引用からはじまった。百万年生きた古代の怪物、ほかはもう絶滅してしまってたった一匹残されたその種の最後の個体の物語だ。海の底で眠っていたその怪物は、仲間の呼び声に目を覚まし、はるばる旅をする。けれど仲間の声と思ったものは、灯台が発する霧笛に過ぎなかったのだ……。

　　数百年後、これと同じことが冷凍睡眠から奇跡的に目覚めた最後の人類にも起こるだろう。そう件は確約する。呼びかけの言葉に誘われて必死に旅を続け、ついに言葉を交わしたと思った矢先、最後の人類は相手の正体を知るだろう。呼びかけられた言葉は、音が酷似しているだけで意味を持たなかったのだと悟るだろう。そのとき、すべての言葉はただ悲しみを表すだけの音と化すだろう。(FK)

→ 内田百閒「件」、レイ・ブラッドベリ「霧笛」

ad ganga med

letraherido

レトラエリード　［スペイン語］

愛書家。直訳では「傷を負った文字」。

ストーカーのこと。ただし、ストーキングする対象は本に限る。詳細な意味や用例については、アンナ・カヴァン『氷』を参照のこと。繰り返し虐待を受ける「少女」は本の隠喩であり、彼女を執拗に追い求め自分のものにしようとする「私」こそletraheridoである。(FK)

→ アンナ・カヴァン『氷』

bok I maganum

アズ・ガウンカ・メズ・ボウク・イー・マガニュム ［アイスランド語］

「誰もが本を書く」という言い回し。直訳では「誰もが腹の中に本を持っている」。
アイスランドは、10人に1人が本を出版するという本の国。

州立ボルティモア精神異常犯罪者用病院院長であった故フレデリック・チルトンの盗聴記録によると、クラリス・スターリングFBIアカデミー訓練生（当時）との非公式の面会において、レクター博士はこのように述べた。(FK)

→ トマス・ハリス『羊たちの沈黙』

045

pisat' v stol

ビサーチ・フ・ストール писать в стол ［ロシア語］

小説や詩などを書いて机の中にしまっておくこと。直訳では「机の中に書く」。

その小説を読みたいと願うなら、作者の人生を知りつくすしか道はない。作者は転勤族の親を持ち、さらには成人したのち、作者自身が転勤族となった。度重なる引っ越しにより、自らの歴史を年代順に記憶することを本人はすでに諦めている。けれど、きみは諦めるわけにはいかない。幼少期から遡り、作者が使用してきた机を正

→ ダニイル・ハルムス『ハルムスの世界』

しい順番でたどらなければならない。自宅の机だけでは駄目だ。学校の机を足してもまだ足りない。理科室や美術室、あらゆる移動教室で使用されたすべての机の情報が必要だ。旅行先の旅館の書き物机やホテルのベッドサイドテーブルも怪しい。机らしき形状をしたすべての家具のすべての引き出しを疑わなければ。そこには小説が隠れている。出張先の味気ないビジネスホテルにいる作者を想像してみる。形ばかりのデスクを開け、変色した聖書を見つける。聖書をテレビの上に置いたその人は、持参した『ハルムスの世界』をしばらく読み、そしてその開けた引き出しの中に何を書いたか。それとも、引き出しを引っ張り出し、ベッドの上に放り出すと、机の裏側の化粧板に何を書いたか。油性ペンで？　鉛筆で？　カラーインクで？　時には何も書かなかったことも？　そんなはずはない。作者は人生をかけて書いてきた。机という机の中に書いてきた。そしてこれからも書き続ける。それだけは確かだ。だからきみも人生をかけて作者の小説を追いかけなくてはならない。作者が在籍した学校や塾を突き止め、自宅の机の買い替えの時期を割り出し、公私を問わず作者が訪れた国や街に向かい、リサイクルショップを巡り、ネットオークションに目を光らせる。そして小説のはじまりに、続きに、終わりに出会っていく。一ページ、一ページ、いや、一机、一机と、きみは一つの小説を読んでいく。(MA)

naẓm

ナズム　نظم　［アラビア語］

詩を作ること、詩作。本来は「（真珠などに）糸をとおすこと」の意味。

→『千夜一夜物語』

　たとえば、『千夜一夜物語』は物語の宝石を夜毎一つずつ糸に通すことで、美しいネックレスを完成させたという見方もできる。しかし、私が美しい宝石を泣きわめく駄々っ子のように部屋にぶちまけると、錯乱した宝石たちがごろごろと床の上を転がり、その上で足をすべらせた人が至るところでひっくり返り、尖った宝石を踏んで足の裏から血が流れ、うめき声が漏れ、宝石と血が混ざり合い、煌めきを見逃すことのないカラスたちが登場し宝石を口に咥えると飛び去り、中には目を狙われた者もおり、最後はこちらに恨めしそうな表情を向けながら、人々は宝石を一つ残らず拾い上げ、床の血の跡をぞうきんで拭き取り、足の裏に絆創膏を貼って、部屋からぞろぞろと出ていく。これも糸に通さない物語だといえる。少なくとも、私はその物語を目にした。(MA)

本にまつわる言葉にかんするエッセイ、その他の単語

essay
other words

jeld-e dovvom

ジェルデ・ドッヴォム جلد دوم [ペルシア語]

そっくり、生き写し。本来は「第二巻」の意味。

イランの本を眺めていると、表紙に何かしら人の顔が描いてあるものが多いようだ。それがある人物の物語や体験記などであれば、なおさらだ。ちょっとシュールで、絵画的な凝った表紙も多く、ペルシア文字のくねるような書体が、色彩豊かに、縦に横にとそのうえに踊っている。

ペルシア語でジェルドとはブックカバー、本の表紙のことだが、本を数えるのにも便利な言葉だ。もともと動物の皮を指したが、本を包む表紙の意味となり、そのまま本を数える単位（冊、巻）にもなった。

「彼は父親の第二巻だ」というと、彼は父親にそっくりだ、または生き写しだ、という意味になる。ある人物がいて、それにそっくりのもう一人の人物が現れる。すると一巡した物語が、まるでもう一巡りするかのような、不思議な錯覚を覚える。英雄物語もそうして次から次へと続いていくのかもしれない。民族叙事詩『王書』のなかの英雄たちのように──。（NN）

⟶ フェルドウスィー『王書』

masnavī-ye haft

言うべきことが山ほどある。直訳では「70マンの紙のマスナヴィー」。
マスナヴィーはペルシア詩の詩形の一種で、叙事詩や物語詩に用いられる。

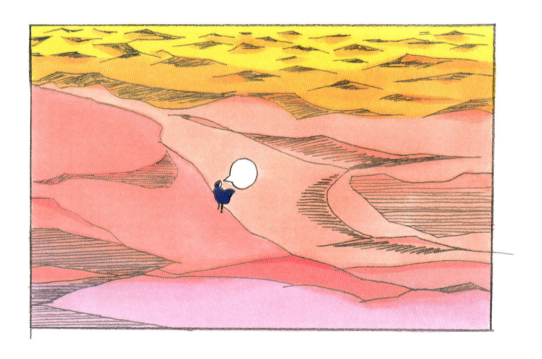

ād man kāghaz

マスナヴィーイェ・ハフタード・マン・カーガズ　مثنوی هفتاد من کاغذ　［ペルシア語］

　何が不足しようと、イランでは詩や物語には事欠かない。千一夜でも終わらないお噺好きな人々、彼らの間では、毎日が物語なのだ、と言いたくなるほどだ。詩、映画、小説、民話、日常の雑談にいたるまで。なかでも寓意的な物語の宝庫といえば、神秘主義詩人ジャラールッディーン・ルーミーの大作『精神的マスナヴィー』だ。ちりばめられた数々の物語が、果てしない海にも似た精神世界へと誘う。

　ところで、いつの頃からか、終わりのない物語（それは愚痴や不満であったりもするのだが）を「70マンの紙のマスナヴィー」と言うようになった。「マン」は小麦などを計る重さの単位である。言ってみれば、「いやあたいへんなことがあって、それを書き連ねたら700キロ分の紙を費やしても足りないよ」というのに似ている。

　「私の苦しみをもし書き記したら千巻の叙事詩ともなったでしょう」と、イランのある女性詩人は詠っている。心に秘められた切々たる苦難の物語、人生の浮き沈み、嘆き、それはもちろん、話せば長くなるのですが……。

(NN)

本、詩、筆、言葉――いま「本」と「ことば」にまつわるトルコ語の語彙を漁っても、その大半はアラビア語、ペルシア語からの借用で占められています。様々な外来語を嚥下し、自らの血肉としてきた草海の覇者の歴史を体現するようではありますが、19世紀末にはこうした外来語を穢れと見なす言語ナショナリズムが台頭してきて、かのアタテュルクの主導で言語の純粋化運動が行われました。そのとき外来語である単語や言葉などに代わり返り咲いたのが、古く突厥の時代から民衆の間で使われてきた「ことば」という言葉。いまでは辞書、単語、スポークスマン、協定等々の新造語の核を為して口語、文語に定着

SÖZ

ソズ　[トルコ語]

ことば

しています。国父によるトルコ言語改革と民族言語の浄化に称えあれ！　——でも、清らなるはずのこの「ことば」、実のところ噂(うわさ)や侮辱(ぶじょく)、そして口先だけ等々の意味も持っております。だから、作家も翻訳家も文学者も、凡(およ)そ言葉を扱う諸職の皆様は「言葉を使って働いています」とは口が裂けても言えません。だって、それですと「働いているふりをする」という意味になってしまいますので。「ことば」が人の作り出したものでありながら人の意に沿わない自由な心を持ち、檻(おり)に入れると啼くのをやめて死んでしまう小夜啼鳥(サヨナキドリ)のように奥深く、そして繊細であることの証左(しょうさ)かもしれません。(MR)

şarkı, türkü

シャルク、テュルキュ　［トルコ語］

うた

　日本で本来は「詩」といえば漢詩、和歌を「うた」と呼びわけたのに似て、トルコでは詩をアラビア語のシイルという外来語で呼びます。いえ、これはトルコに限りません。アラブの詩の力たるや凄まじく、イスラームの信仰が届いた地域では言語を違えながらも等しく同じ韻律で詩が詠まれたのですから。ペルシア語、ウルドゥー語、スワヒリ語、そしてトルコ語——いうなればアラブ韻律という音楽的美が、多言語による詩歌を千篇一律に束ねたわけです。11世紀以降、東ではティムール朝のチャガタイ・トルコ語が、西では

オスマン・トルコ語が、それぞれに優れた詩をものにします。しかし、詩を詠むのは難事でした。なにせ民衆語であるトルコ語とは乖離したオスマン語を筆頭に三言語と称せられたアラビア語、ペルシア語を修めたうえに60種あまりの定型韻律を諳んじなければなりません。民草にとって詩作へ至る道には高い高い壁が聳えました。その代わりに、君府（コンスタンティノープル）の下町や小邑、そして鄙で営まれたのがシャルクやテュルキュと呼ばれる「うた」でした。前者は歌謡全般、後者は民謡を指し、奇しくも日本と同じ音数律詩から成ります。20世紀半ばの詩人ファルク・ナーフィズが「そなたは書き記されなかった叙事詩さながら」と称えたアナトリアの鄙の炉辺には驚くべき分量の「うた」が歌い継がれ、20世紀トルコ文学に豊かな物語の源泉を約束することにもなります。

　ところでシャルクとテュルキュはそれぞれに東人の歌、トルコ人の歌を意味して、これまたアラビア語からの借用となっております。つまり、現代トルコ語には「うた」を指す自言語の言葉が伝わっていないのです。外からの呼び名だけが伝わるところに、彼らの東人のルーツが窺えて興趣尽きぬと同時に、「うた」とか「詩」とかの命名に拘泥せず、字に起こされぬまま数世紀を閲しながらただ黙々と民歌を歌い伝えた吟遊詩人、叙事詩語り、そして誰よりも女たちの朴訥とした姿が思い浮かびます。(MR)

ketābī neshast

ケタービー・ネシャスタン　کتابی نشستن　［ペルシア語］

直訳では「本のように座る」。
意味は、省スペースで、隙間を空けずに座ること。
「本のように」とはしばしば、スリムであることを指す。
「本のように立つ」といえば、
人が互いの背中と胸を合わせるようにして立つことをいう。

ペルシア語で「よき書物」と題された子どものための詩がある。日本語なら「本は友だち」というタイトルを付けてもいいかもしれない。本は、いまやすっくと立ちあがり、優しく子どもたちに話しかける。

わたしは優しいお友だち
　物知りでおはなし上手
たくさんの物語をしましょう
　わたしに舌はないけれど
たくさんの知識を教えてあげましょう
　わたしは知恵あるお友だち
わたしは賢いお友だち
　役には立つし損はない
わたしを放っておかないで
　わたしは優しいお友だち

→ カイ・カーウース『カーブースの書』

a n

　『王書』の始まりには「知は力なり」の言葉が掲げられ、『カーブースの書』でも「人間の最善の教養は言葉遣いである」と説かれる。本はいまでも気高い心をもったお友だちなのだ。本棚に並ぶ本たちは、互いに押しあいへしあいではなく、身を引き締めて姿勢を正し、優雅にさりげなく、狭い空間でもお隣さんに少しばかりの場所を空けてあげる——。それが、お行儀（すなわち礼儀、教養、文学のこと）というものなのだ。(NN)

khar-khān

ハルハーン 　خرخوان　［ペルシア語］

本を濫読する人。がり勉。直訳では「ロバ読み」。

　ペルシア語でときに侮蔑的に、あるいは自嘲気味に使われる「ロバ (khar)」にはとんまとか、愚か者、という意味がある。頭の中が読んだ本の知識や妄想（？）でいっぱいになり、続きが気になるあまり、人付き合いも億劫になる……そうなってくると「ロバ読み」の兆候かもしれない。サーデグ・ヘダーヤトの描く、とある主人公もまた、数々の神秘主義の書物を読み漁り、俗世間への欲望を絶って真理の道を究めようとするのだが……。

　ペルシア語で「ロバ読み」は「がり勉」のことも指し、多読、濫読する人をからかう言い方である。が、そんな馬鹿にされてばかりのロバに同情したくなるときもある。隣に無我夢中で本を読み耽るロバがいるのも、楽しいような。(NN)

⟶ サーデグ・ヘダーヤト「欲望を滅却した男」

トルコの伝統的な書物造りは、書道と挿絵、枠装飾のコラボレーションの産物であり、その美はつとに知れ渡ります。その技の一つにエブルがございます。チャガタイ・トルコ語の色紙に由来する、いやペルシア語の水面だ、いな雲なり、とその語源には多説ありますが、中国から伝わった墨流しの技を大いに発展させたのがトルコだという点には異論がありません。

もともとビザンティン帝国で最上級紙といえば羊皮紙と相場が決まっていたそうで、この世で最も金箔を美しく輝かせるというのがその理由でした。一方、その後を襲ったオスマン帝国は紙の帝国、トルコ人たちは皮は防水、軍需用品だと弁えて、羊皮紙にするくらいならフィレンツェのチョンピたちに売る方を選びました。ただし、金箔の輝きに興味がなかったのではない。帝国の職工たちは、最上級のヴェネツィア紙を輸入し、わざわざ卵白と蝋を丹念に幾度も塗りこむことでビザン

ティン羊皮紙と寸分たがわぬ品質の紙を作り出しました。尤も、金箔と挿絵は王者と金持ちにしか許されぬ高級品ですし、金箔はよほど厳重に保管せねば百年ほどで剥落してしまうのですが。

そうした中で注目されたのがエブルの技でした。帝都の職工はまず、無骨な革表紙の書物の見返しにエブル紙を用いました。黒いベールを捲って美々しい顔を覗かせる佳人のように。次に、エブル紙の上に詩がしたためられて書物に綴じられました。美しいナスタァリーク書体や、几帳面なルクア書体の詩が、斑岩模様の紙の海に遊ぶさまは、まるきり詩に詠まれた花園か、美女の遊ぶ流水そのもの。

十色が層を為す浮雲模様、チューリップ、コウノトリ、波、帆舟──折しも帝都で紙の大量生産がはじまるなか、帝国の職工たちは紙面上にそれまで貴人にしか許されなかった絶美を再現しようとさまざまな技術を編み出

ebru

エブル　[トルコ語]

墨流し

していきます。紙の上に咲く斑岩模様の美に魅せられ、いち早く西へ持ち帰って世界へ広めたのはヴェネツィア人たちでした。いまでは水の都の土産物屋街で美麗な一枚絵の斑岩模様墨流し(マルモ・リッツァツィオーネ)や文房具が観光客の気を引いています。ですが、そもそもエブルという書物芸術が目指したのが、色紙の大量生産による民草(たみぐさ)への美の敷衍(ふえん)であったということも忘れたくないものです。(MR)

oyalanmak

オヤランマク　［トルコ語］

だらだら過ごす

トルコにはオヤと呼ばれる手芸がございます。どれも小指の第一関節程度の大きさ（というか小ささ）の花や果物などを象った編み物で、衣服の縁にいくつも縫い付けて飾る「縁飾り」のことです。例えばスカーフの縁に赤い唐辛子のオヤが並んでいれば「私、怒っているのよ！」、カーネーションであれば「恋がしたいわ」等々。口ほどに物言う女たちの瞳

とスカーフの縁に揺れるオヤが相俟って、語られざる女心を雄弁に物語る奥ゆかしい伝統工芸、それがオヤなのです。オヤを作れる女は手先が器用で根気強く、よく家の炉辺を守るとされて様々な成語にもなっています。「オヤのよう」と言えば繊細な女性、「オヤを夢に見た」なら良縁に恵まれる吉兆という具合。オヤという名前の女性も数多くおります。ところが、このオヤという言葉を動詞にすると俄かに様相が変わります。なにせ、オヤ編みする（オヤラマク）で「誤魔化す、話を逸らす」、手ずからオヤ編みする（オヤランマク）で「だらだら過ごす、時間を潰す」という意味になってしまうのですから。どうもここには、オヤには時間がかかるというほかに、女の手仕事なぞはいずれ時間の無駄、小人閑居して不善を為すと見做したがる憎たらしい男たちの侮蔑が潜むようです。ですが、同じオヤランマクするにしても、男たちはどうでしょう。職探しを言い訳に珈琲店で麻雀か雙六をするのが関の山。対して女はどこかの家に集まり、若い娘はオヤ編みで器用さと忍耐を養いながら、年嵩の者から生活の知恵やヘナの夜歌や挽歌、それにさまざまなお伽話を習い覚え、熟練者たちはその傍らでヨーロッパ向けのカーテンやクッションにオヤを施して外貨を稼いできました。さて、この半世紀でトルコの都市人口は急速に拡大しましたから、オヤ編みの場には様々な地方出身の女たちが集うようになりました。すると、オヤ編みの技術はもちろん、各地の方言や言語によって語り継がれた各地の民話や民歌までもが、都市の片隅の薄暗い部屋で混交するという小さな奇蹟が起きました。かくして、オヤ編みの場で手だけがオヤ編みをしながら実のところ頭と口は別のことをする術を学んだ女性たちが、1980〜2000年代にかけてトルコ・マジックリアリズムの傑作をいくつも世に送るようになるわけです。（MR）

067

「私は私が読まなかった必読書」韓国の作家キム・エランはそう書いている。
　読まなきゃ、読まなきゃと思い続けてけっきょく読んでいない本、それがいちばん、あなたらしいのかもしれない。(SM)

必読書

ピルドクソ　필독서　[韓国語]

タイトルだけがそびえ立ち、我々を脅かす存在。
読まないままで死ぬのではないかと思うたび、本の悪魔の呪文がかかる。
「読んでないよ」と人に向かって言えるようになりさえすれば、呪文は解ける。

→ キム・エラン「永遠の話者」

068

「でも何だか、本棚が一つしかない家で育った人は、頭の中が健康なような気がするな」大型の本棚だけで十六個ある家で育った高校生の男の子がそう言った。十六個の本棚は分厚い天然木でできていて、いくつかはガラス戸がついていた。中に入っているのは、英語の本が多かった。そう言われた女の子の家には、本棚は一つしかなかった。自分の背丈ぐらいしかない、合板の本棚。側面には子どものときに貼ったシールがそのまま残っている。棚の中にはおじいさんが読んでいた日本語の本、お父さんの道路地図、自分の問題集、お母さんの卒業アルバムまで、何もかも一緒に入っていた。でも、男の子はうらやましがった。「頭の中が健康なような気がするな」(SM)

本棚

チェクチャン　책장　［韓国語］

はみだした脳を仕切っておく装置。
入れっぱなしで忘れられたものがやがてどこへ行くのかは保証してくれない。
韓国では、文学全集と大きな本棚のセットがテレビショッピングで売られたりもする。
装置を立派にすることにみんな熱心、だけど、それを導入したことだけで満足してしまう人ももちろん多い。
この男の子の家にあった十六個の大型本棚は、海外生活の間も持ち歩いた大切な本だから例外だけど。

⟶ チョン・セラン『アンダー、サンダー、テンダー』

プレゼントに向く本

ソンムルハギ チョウン チェク 선물하기 좋은 책　[韓国語]

プレゼントに向く本

→ 金素雲「怨讐三十年」、池 正路『水晶蟲』

本にはいろいろな使い方があるが、プレゼントというのもある。本そのものをプレゼントすることもできるし、プレゼントをはさむこともできる。

　本にはさむプレゼントはできるだけ平べったい、薄いものがよい。小さすぎるのは困るが、大きすぎるのも困る。だいたい縦5〜7センチ、横10〜15センチ程度のものがよい。最適なのは紙幣と呼ばれるもので、だいたいどんな国にもある。日本の場合、文庫本でははみ出してしまうのでアウトだが、新書以上のサイズの本にならどんな紙幣でもはさめる。

　金素雲という人がいた。戦前戦後を通して、朝鮮・韓国文学の紹介に大きな功績を残した人である。盧溝橋事件が起きた直後、彼はこれという理由もなく逮捕され、朝鮮に帰国しなくてはならないことになった。東京から下関まで、警官の護衛つきで移動しなくてはならない。そのとき、大切な友人が入院していたので、金は警官と一緒に見舞いに行った。病人は別れ際に、枕元にあった雑誌『新潮』を取り上げて、「『火山灰地』がいいよ」と言ってくれた。『火山灰地』は久保栄による、北海道・十勝地方で頑張る農業試験場長を主人公にした戯曲である。金があとで「火山灰地」を開いてみると、そこには十円札二枚がはさまっていたという。友人は間もなく死んだ。

　このようなプレゼントに向く本の条件は、「わー、面白そう」とすぐに開いてしまわれないこと。したがって、総合雑誌、文芸誌は最適だ。すぐに開いてしまわなかったのは、さすが日本文化を知り尽くしていた金素雲ならではの感がある。(SM)

dīvān

ディーヴァーン　ديوان　［ペルシア語］

詩集のこと。ほかに記録簿、政庁、法廷などいくつかの意味がある。

"終わることができない、それがあなたを偉
　大にする
　発端がない、それがあなたの運命だ"
ペルシアの詩人ハーフィズに呼びかけて、老
境の文豪ゲーテが書いた詩の一節だ。『西東
詩集』と名づけられたこの詩集の原タイトル
には、ペルシア語で詩集を意味する「ディー
ヴァーン」の語が使われている。
ハーフィズは言う。
"薔薇を傍らに、酒を手に、恋人は思いのまま
　かような日には世のスルタンも下僕に同じ"

ゲーテは言う。
"あなたのように愛すること、あなたのよう
　に酒めること、それがわたしの誇り、わ
　たしのいのちであってほしい"
　愛と神秘の詩人、詩聖ハーフィズはいまも
イランで特別な存在である。とくに美しい装
丁の施された詩集は大切な人への贈り物にも
なる。ゾヤ・ピールザードの短編小説「染み」
の主人公が恥ずかしそうにしながら、プレゼ
ントに「愛の詩集」を買いたいんです、と書店
員に告げるのも、そんな日常の一コマだ。(NN)

──→ ゲーテ『西東詩集』、ハーフィズ『ハーフィズ詩集』、ゾヤ・ピールザード「染み」

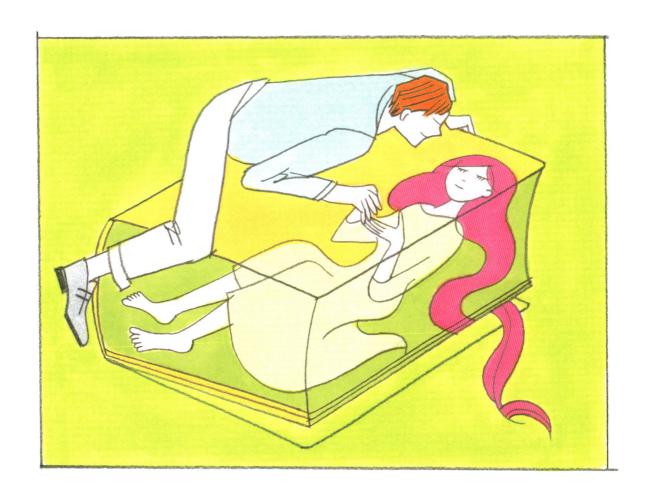

varaq zadan

ヴァラグ・ザダン　ورق زدن　［ペルシア語］

直訳では「ページを繰る（打つ）」。本を手にとって、ページをぱらぱらめくることをいう。
気楽に本を眺める場合にも使うが、隅々まで調べることをも指す。

　最近でこそ少なくなったが、昔は本を買う
のに、買う人がいちいち検品しなければなら
なかった。途中でインクが薄くなっていたり、
ページが抜けていたり、ページが折れたまま
印刷されていたり、ということは日常茶飯事
で、よくよく確かめて買わないと、あとで後
悔することになるのだった。（日本でも「乱
丁・落丁はお取替えします」と本の片隅に書
いてあったりするが）ともあれ、まずはペー
ジを繰ってみる。そして何か問題があれば直
接、返品や交換を申し出ればよいのであり、

そこからお客と店主の新たな交渉や、やり取
りが始まるのだ。「隠したいものがあるなら、
本の隙間に隠すといい／この人びとは本を読
まないからね」とは、詩人アフマド・シャー
ムルーの言葉として人気のフレーズだが、な
かなか風刺の効いた一言ではないか。本を手
に取って、ページを繰ってみるといい。そこ
にへそくりが、いやいや、もっと大事なもの、
木の葉や、美しい詩の一節や、誰かの挟んだ
新聞記事や、忘れられた恋文やなんかが……
見つかるかもしれない。（NN）

「本の虫」の意味。日本語の「本の虫」はすぐにどういう虫か思いつかないが、チェコ語の場合ははっきりとしていて、蛾の一種を意味する。

knihomol

クニホモル ［チェコ語］

rat de bibliothèque

「本の虫」の意味。直訳では「図書館のネズミ」。

ラ・ド・ビブリオテーク　［フランス語］

traduttore, traditore

トラデュットーレ、トラディトーレ　［イタリア語］

「翻訳者（トラデュットーレ）」と「裏切り者（トラディトーレ）」を指す言葉が、
イタリア語では発音が似ているため、
「翻訳者は裏切り者」というフレーズとなって定着した。

ARC

エー・アール・シー　［英語］

Advanced Reader's Copyの略語。
書物の正式な出版の数か月前に版元が仮製本し、書評家など関係者に配布する版。
注目作家の新作のARCは垂涎(すいぜん)の的であり、入手をめぐって殺人が起きても不思議ではないとまで言われる。

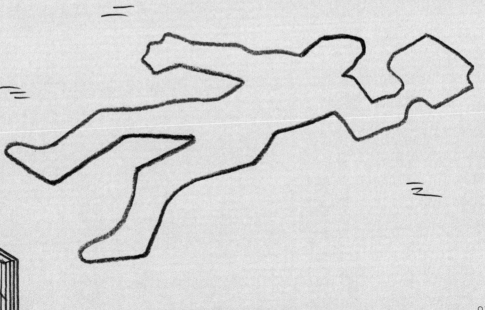

tsundoku

ツンドク ［日本語］

積ん読。「本を溜め込む人」としては、英語では"book hoarder"という表現があるが、目下"tsundoku"も市民権を得つつある。

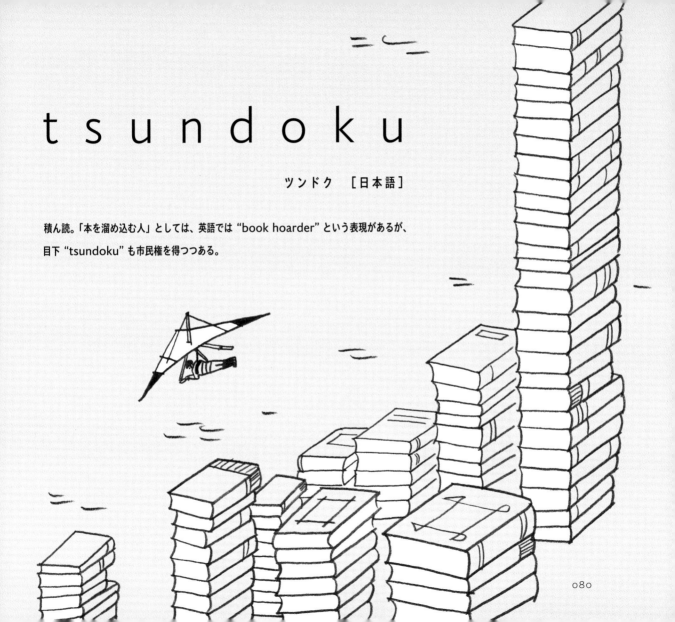

直訳すると「本に載っているような」。
日本語の「絵に描いたような」と同じで、「典型的な」という意味。
たとえばドイツ語で「本に載っているような医者」とは、
すなわち「絵に描いたような典型的な医者」のこと。

ヴィー・エア・イム・ブーフ・シュテート　［ドイツ語］

wie er im Buch steht

直訳では「引き出しのための文学」。
社会主義時代、発表の可能性がなく、
引き出しに眠っていた原稿のことを意味する。
まだ原稿を直筆やタイプライターで
書いていた時代ならではの表現。

literatura do šuplíku

リテラトゥラ・ド・シュプリーク　［チェコ語］

Nezval

ネズヴァル　［チェコ語］

チェコ語では動詞の過去形が苗字になることがある。
ネズヴァルは「招かれなかった」の意味。
同名で一番知られているのは、チェコ・シュルレアリスムを代表する詩人の苗字。
彼はのちに体制側に寝返ったため、旧友にとって「招かれざる」存在となった。

bayt

バイト　بيت　［アラビア語］

「家」「(遊牧民の) 天幕」を意味する名詞で、詩の用語としては「詩行」(詩の一行) を指す。
詩行を構成する各部分に天幕の各部分の名称が転用されている。

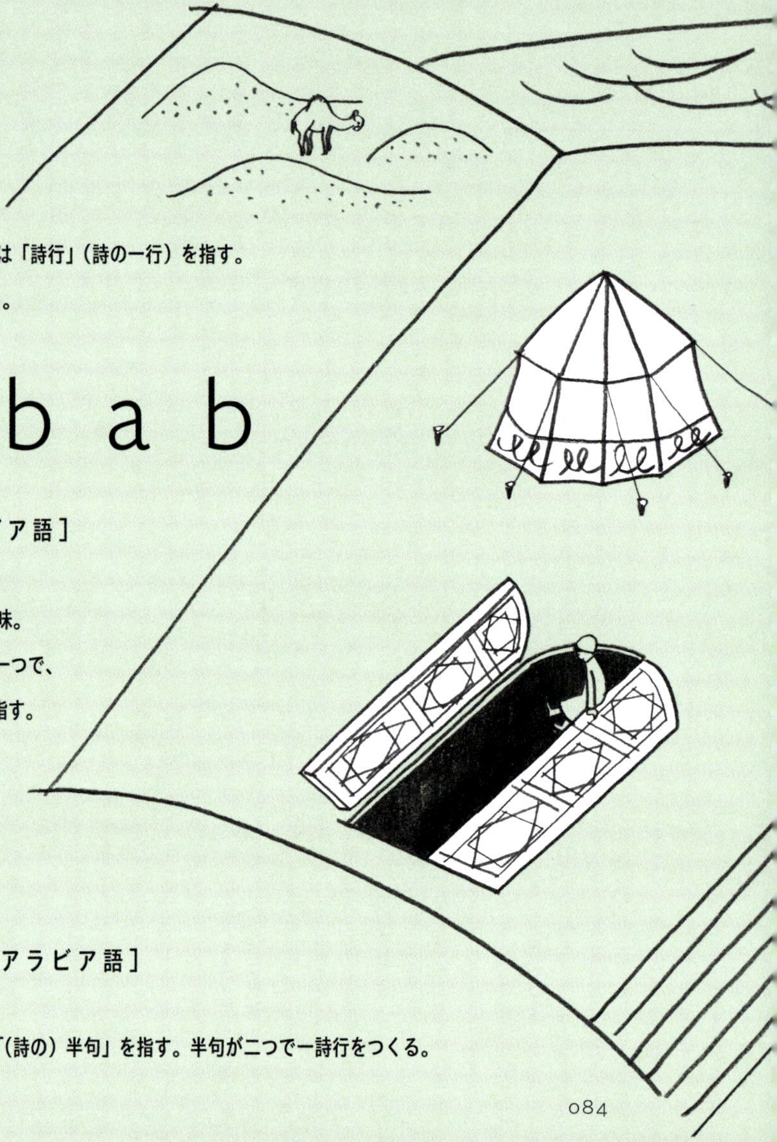

sabab

サバブ　سبب　［アラビア語］

天幕の「紐、綱」の意味。
詩脚を構成する単位の一つで、
2文字からなる部分を指す。

miṣrāʿ

ミスラーア　مصراع　［アラビア語］

天幕の「(左右に開く) 扉の片方」の意味で「(詩の) 半句」を指す。半句が二つで一詩行をつくる。

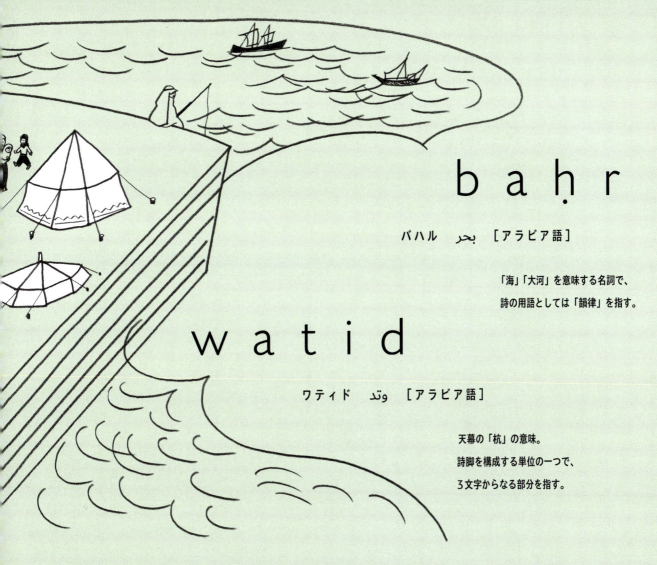

baḥr

バハル　بحر　[アラビア語]

「海」「大河」を意味する名詞で、
詩の用語としては「韻律」を指す。

watid

ワティド　وتد　[アラビア語]

天幕の「杭」の意味。
詩脚を構成する単位の一つで、
3文字からなる部分を指す。

Das ist ein Gedicht.

ダス・イスト・アイン・ゲディヒト　［ドイツ語］

直訳すると「それはひとつの詩だ」。
なにか特別に素晴らしいもの、美しいものを褒めるときに使われる言い回し。
たとえば、おいしいものを食べたときにうっとりと目を細めて、
または美しい風景に息をのみながら、
思わず「これはひとつの詩だ」とつぶやく。

「作家」「文学者」という中立的な意味と同時に、
「三文文士」「文章だけが達者な作家」という軽蔑的な意味合いもある。
トーマス・マンの小説『トニオ・クレーガー』では、
主人公トニオが"aus einem Literaten einen Dichter zu machen"という表現を使う。
「Literatを詩人（Dichter）にする」という意味。
空疎な文章を書き散らす売文屋としてのLiteratが、
真の芸術家たるDichterとの対比で使われている。

Literat

リテラート　［ドイツ語］

Das kommt mir spanisch vor.

ダス・コムト・ミア・シュパーニッシュ・フォア　［ドイツ語］

直訳すると「それは私にはスペイン語のように思われる」。
理解できないもの、わけのわからないもの、奇妙なことがらに遭遇したときに使われる。
同様の言い回しにIch verstehe nur Bahnhofというものもある。
これは「私には駅（という単語）しか理解できない」という意味で、
やはり「わけがわからない」というときに使う。

Behördeは役所、Chinesischは中国語。
このふたつの単語をつなげたBehördenchinesischは
「お役所の中国語」で、「わけのわからないお役所言葉」の意味。
同様にFachchinesischは「わけのわからない専門（Fach）用語」。

ベヘールデンヒネージッシュ　［ドイツ語］

unbilicus

ウンビリクス　［ラテン語］

「へそ」の意味。巻物の最後の紙につけられた芯棒。
巻物の取り扱いを容易にする棒である。

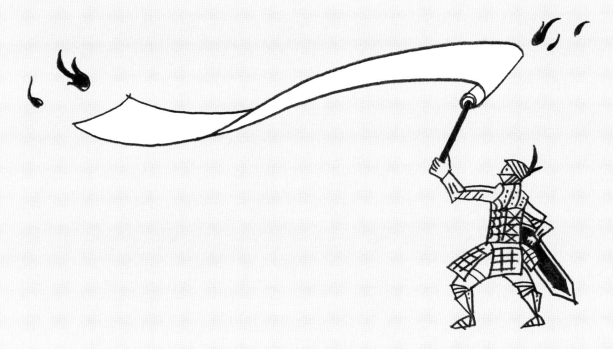

rossignol

ロシニョール ［フランス語］

ナイチンゲール。
19世紀フランスでは、本棚の薄暗く高いところに置いてある売れ残りの本を指す俗語であった。

musawwada

ムサウワダ　مسودة　［アラビア語］

草稿、原稿。直訳では「黒くされたもの」。

qāmūs

カームース　قاموس　［アラビア語］

ギリシア語のオーケアノスを語源とする語と言われ、「海」「大洋」を意味する。
しかし、アル＝フィールーザーバーディー（14〜15世紀）によって編まれた
『アル＝カームース・アル＝ムヒート』（「取り囲む海」「環海」の意味。日本の『言海』のようなニュアンス）が
辞書として有名になるにつれ、これが普通名詞化した。
現在では、「ムウジャム」（muʻjam）とならんで「辞書」を意味する一般的な名詞となっている。

関連書籍紹介

桜の園　　　　　　　　　　　　　　　→P.oo8

アントン・チェーホフ著　小野理子訳
岩波文庫

没落しつつあるロシア貴族の一家。五年ぶりの帰郷を果たしたラネーフスカヤ夫人を待っていたのは、財産を使い果たし、領地である桜の園を売り払わねばならないという現実だった。移り行く時代のなか、欠点を抱えて右往左往する登場人物たちの行く末を見守る視線はどこか優しい。(FH)

テヘランでロリータを読む　　　　　→ P.o1o

アーザル・ナフィーシー著　市川恵里訳
白水社

1990年代のテヘランで、大学を離れて密かに開かれた英語文学の読書会。それを主催する元大学教師の経験と、集まった生徒たちの言葉から、全体主義国家で女性として生きるとはどういうことか、小説は目の前の現実にどう働きかけるのかが浮かび上がる。人の強さとは物語の強さでもある。(FH)

狂人日記　　　　　　　　　　　　　　→ P.o12

魯迅著　竹内好訳
『阿Q正伝・狂人日記　他十二篇（吶喊）』岩波文庫 所収

言わずと知れた、中国近代文学の父・魯迅の代表作。"人が人を食っているおそろしい食人"の社会に中国の民衆は生きていることを、みごとな白話文で描き出し、辛亥革命直後の"目覚める"中国青年たちを激しく鼓舞した。(OY)

第十夜

夏目漱石著
『夢十夜 他二篇』岩波文庫 所収

豚が人を食べたという話を聞くたび、豚を舐めてはいけない
なと思う。「第十夜」では、人を食べることはしないが人を舐
めるために豚が群れをなしてやってくる。馬鹿にするという
意味の比喩ではなく、実際に舌で舐めるのである。これはこ
れで、やはり豚を舐めてはいけないなと思わせる作品。(FK)

→ P.016

ビルバオ‐ニューヨーク‐ビルバオ

キルメン・ウリベ著 金子奈美訳
白水社

ビルバオからニューヨークへ。移動中の飛行機内で、作家は
これから書く小説のためにさまざまな記憶や歴史の断片をた
ぐり寄せる。バスク地方とその人々の歩み、各国の詩人たち
との交流などから、歴史と言葉に根ざしつつ、世界に開かれ
る人生の希望が浮かび上がる。(FH)

→ P.020

文学会議

セサル・アイラ著 柳原孝敦訳
新潮クレスト・ブックス

カルロス・フエンテスのクローンの製造を目論むマッド・サ
イエンティスト、という意味不明な設定。首尾よくフエンテ
スの細胞を入手したものの、できあがったものは想像をはる
かに超える代物だった……。そして暴走していく物語は、強
烈なまでに想像力の自由さを感じさせてくれる。(FH)

→ P.022

スーホの白い馬

大塚勇三再話 赤羽末吉画
モンゴル民話『スーホの白い馬』福音館書店 所収

先端に馬の頭がついた馬頭琴という楽器の成り立ちを説明し
た物語で、馬から作ったというのなら馬頭部分は本物の馬の
ミイラにちがいない、干し身みたいに頭骨を抜いてから乾燥
させれば小型化・軽量化して楽器に飾ることも可能だろうと
長年思い込んでいたけどどうやら木製らしいです。(FK)

→ P.024

ダップルグリム

ブライアン・エヴンソン著 柴田元幸訳
『ウインドアイ』新潮クレスト・ブックス 所収

自分の犯した残虐行為をなんでもかんでも馬のせいにする男
の話。でも、自分の意志や感情だと思っているものって本当
に自分のものなのだろうか？ もしかしたらこの小説に書か
れていることこそ真実で、私もあなたもみんな、どこかの馬
に操られているだけなのかも。(FK)

→ P.024

山椒魚

井伏鱒二著
『山椒魚・遙拝隊長 他7編』岩波文庫 所収

山椒魚はある日、自分が大きくなりすぎていて、住んでいる
岩屋の穴から出ようとすると頭がつかえてしまうことに気が
つく。いまや牢獄となったすみかで、おのれの運命を悔やみ
恨みしていると、いえびが、そして蛙がやってくる。人生と
いう不条理と不思議の幕切れ。(FH)

→ P.028

屋根裏の仏さま → P.030

ジュリー・オオツカ著　岩本正恵、小竹由美子訳
新潮クレスト・ブックス

著者は、母が、祖母が「写真花嫁」だったという話を何人もの日系人から聞かされ、20世紀初頭、写真と手紙のやりとりのみで結婚を決め、アメリカにやってきた日本人女性たちの物語である本作を書いた。核となる「わたし」のいない、「わたしたち」という "一人称複数" による語りが特徴的。(OY)

新ナポレオン奇譚 → P.034

G・K・チェスタトン著　高橋康也、成田久美子訳
ちくま文庫

1984年のロンドン。くじで選ばれた冗談好きの新国王は、ロンドンの各地区を独立した自治市に分割すると宣言。ところがそれを真に受けたノッティング・ヒル市長は通りを死守するべく、近隣との戦争に突入する……。帝国主義も郷土愛も批判しつつ、ユーモアに満ちた活劇が駆け抜ける。(FH)

周期律 ── 元素追想 → P.036

プリーモ・レーヴィ著　竹山博英訳
工作舎

アウシュヴィッツを生き延びた作家が、さまざまな元素に託して紡ぐ物語集。ホロコースト以前のトリノでのユダヤ人たちの肖像や、戦後のドイツ人とのやりとりなどの現実の重みと、それを包み込む物語の軽やかさがせめぎ合い、最後を飾る「炭素」にたどり着く。(FH)

跳べない蛙 ── 北朝鮮「洗脳文学」の実体

金柱星著　→ P.038
双葉社

著者の金柱星は脱北者で、北朝鮮にいたときは職業小説家として小説を書いていました。もともとは在日韓国人で、「帰国者」として中学生のときに日本から北朝鮮に渡ったのです。「百部図書」の存在は以前から知られていましたが、この本で詳しいことが初めてわかりました。戦慄の一冊。(SM)

越えてくる者、迎えいれる者 ── 脱北作家・韓国作家共同小説集 → P.038

和田とも美訳　アジアプレス・インターナーショナル出版部

脱北者が脱出してくるときの命がけの苦労もさることながら、韓国に来てからまったく違う社会に定着する苦労も大変なものがあります。脱北してきた作家と、迎える側の韓国作家双方の作品を集めたとても貴重な短編集。難民と一緒に生きることが世界中の課題になっている今、とても重要な本。(SM)

僕らが天王星に着くころ → P.040

レイ・ヴクサヴィッチ著　岸本佐知子、市田泉訳
『月の部屋で会いましょう』創元SF文庫 所収

宇宙服ひとつで宇宙を漂う羽目になるとき、映画なんかではたいていその人はひとりきりだ。絶望だ。おしまいだ。でも、この小説では相当たくさんの人が漂っていて、けっこうにぎやかで、かなり楽しそう。「宇宙を漂うシーン」にまつわるトラウマを払拭してくれるやさしい小説。(FK)

件

→P.042

内田百閒著
『冥土　内田百閒集成3』ちくま文庫 所収

変な動物に生まれ変わってしまった主人公が、その動物に当然備わっていると信じられている能力を適切に発揮できるかどうかをくよくよ思い悩む話。美しく悪夢めいた幻想の中でも現実的なくよくよを決して忘れないその姿勢が、とびきり可笑しくてとびきりさみしい。(FK)

霧笛

→P.042

レイ・ブラッドベリ著　大西尹明訳
『ウは宇宙船のウ』創元SF文庫 所収

恐竜のような怪物、霧の中の灯台、百万年百億年という長い時間について語り合う二人の人間。短い小説だけど読んでいるうちに、人間の形に調節された時間のたがが外れていく気がする。私の持ち時間はそんなに長くない、だから大丈夫と自分に言い聞かせながらじゃないととても読めない。(FK)

氷

→P.044

アンナ・カヴァン著　山田和子訳
ちくま文庫

これは完璧な犠牲者についての物語だと思う。氷に閉ざされていく世界で虐待され続ける「少女」。彼女は何度でもよみがえるけれど、それは戦うためではなく、永遠に虐待を受けるためだ。彼女を前にして、私は虐待する方とされる方どちらにもなりたいという暗く抗いがたい欲望を感じる。(FK)

羊たちの沈黙

→P.045

トマス・ハリス著　高見浩訳
新潮文庫（上・下）

レクター博士は食人鬼で殺人鬼だけども、天才で魅力的で、なによりたった一人で人生をどしどし完成させていく様子に憧れる。でも続編を読むと意外とそうでもなくて、こんな有能な人物でも結局一人きりでは生きていけないのかと思うと甘酸っぱさと切なさで胸がいっぱいになります。(FK)

ハルムスの世界

→P.046

ダニイル・ハルムス著　増本浩子、ヴァレリー・グレチュコ訳
ヴィレッジブックス

悪夢の一コマにしてはあまりに可笑しく、日常の一コマにしてはあまりに不条理な風景。人間存在の根拠のなさを暴くナンセンスと爽快な捨て台詞、そしてその後方におぼろげな姿を見せる体制や組織への不安に貫かれた小品集は、「書く」ことの危うさを教えてくれる。(FH)

千夜一夜物語

→P.048

豊島与志雄、渡辺一夫、佐藤正彰、岡部正孝訳
岩波文庫

横暴な王による女性の処刑を止めるべく、シェヘラザードは夜な夜な物語を語って聞かせる。あまりにも有名なシンドバッドの冒険から、アブー・ヌワースなど実在の人物の逸話まで、シェヘラザードの魅惑に満ちた語りは、それまで命と声を奪われた無数の女性たちの声を背負っている。(FH)

王書

→ P.052

フェルドウスィー著　岡田恵美子訳
岩波文庫

シャー・ナーメ（ペルシア語で「王の書」を意味する）とも呼ばれる。イスラーム以前から伝わる神話、伝説、歴史的物語をもとに、詩人アボルガーセム・フェルドウスィーが11世紀に韻文でまとめあげた。ジャムシード王や暴君ザッハーク、英雄ロスタムと息子ソフラーブの悲劇などが有名。（NN）

精神的マスナヴィー

→ P.054

ルーミー著　蒲生礼一訳
『アラビア・ペルシア集』筑摩書房 所収

13世紀の神秘主義詩人ジャラールッディーン・ルーミー（モウラーナーとも呼ばれる）による、6巻に及ぶ大部の詩集。マスナヴィーとはペルシア詩の詩形の一種で、ここではその詩形による作品を意味する。神との合一を求めるイスラーム神秘主義の奥義を数々の寓意的な逸話によって語った作品。（NN）

カーブースの書

→ P.060

カイ・カーウース、ニザーミー著　黒柳恒男訳
『ペルシア逸話集』平凡社東洋文庫 所収

11世紀のカスピ海南岸にあった小王朝の君主カイ・カーウースが、王子のために自ら書き残した教訓書。各章が「知れ、息子よ」の言葉で始まる。飲酒や食事、恋愛の作法、家財の購入や子どもの教育、種々の職業や学問の要点に至るまで、現実主義的な視点で述べられる。帝王学の書の傑作。（NN）

欲望を滅却した男

→ P.062

サーデグ・ヘダーヤト著　石井啓一郎訳
『サーデグ・ヘダーヤト短編集』慧文社 所収

サーデグ・ヘダーヤトは1903年、テヘラン生まれ。代表作に、ある知識人の幻想と憂鬱な孤独を描いた中編小説『盲目の梟』がある。オマル・ハイヤームの四行詩集『ルバイヤート』の編集や民俗学の研究にも携わった。1951年にパリで自殺。（NN）

永遠の話者

→ P.068

キム・エラン著　古川綾子訳
『走れ、オヤジ殿』晶文社 所収

キム・エランはすごく言葉の運動神経が良い作家です。「私は私が読まなかった必読書」と語る「永遠の話者」の主人公は特に何かするわけでもないけれど、「あなたはこんな人」という定義を片っ端からよけて疾走するグループ感が最高。「私は理解されたい人、でもあなたの素顔を見ては後ずさりする人」。（SM）

アンダー、サンダー、テンダー

→ P.069

チョン・セラン著　吉川凪訳
クオン

20世紀末、38度線に近い韓国の町で、同じバスで高校に通っていた六人の仲間の物語。本棚の少ない家で育った人を羨んだジュヨンは出版社に勤め、羨ましがられた主人公の「私」は記録映画を撮りはじめます。十代のやわらかい心が三十代へと生き延びる様子をこんなに生き生きと描いた小説も珍しい。（SM）

怨讐三十年 → P.070

金素雲著

『こころの壁』 サイマル出版会 所収（絶版）

金素雲は1921年に初めて日本に来て以来、日韓を往来しながら多くの文学作品の紹介に当たったスケールの大きな文学者。今も現役で読めるのは『朝鮮民謡選』（岩波文庫）と『ネギをうえた人』（岩波少年文庫）など数は少ないですが、日本を知り抜いたエッセイの数々は宝の山です。翻訳についても数々の卓見が。（SM）

水晶蟲 —— 池正路小詩集 → P.070

池正路著

洛東書院（絶版）

池正路の名前は、金素雲の文章によってしか今日に伝えられていません。詩集『水晶蟲』は、「私は池から、友情の勘どころを教わった」と語った金自身が跋文を書き、自分の経営する出版社から110部だけ出した本。現在、東京大学の駒場図書館に一冊だけあるそうです。（SM）

西東詩集 → P.072

ゲーテ著　生野幸吉訳

『ゲーテ全集 2』 潮出版社 所収

ゲーテの晩年の詩集で、12の書からなる連作。オリエントの詩や物語が着想の源となっており、とくにペルシアの詩人ハーフィズとの交感が詠われる。この詩集でゲーテは恋人マリアンネをズライカに、自らをハーテムに扮装させた。（本文の引用は『ゲーテ全集』所収の生野幸吉訳による）（NN）

ハーフィズ詩集 → P.072

ハーフィズ著　黒柳恒男訳

平凡社東洋文庫

ハーフィズ（現代発音ではハーフェズ）は14世紀のシーラーズに生まれた抒情詩人。その名はコーランの暗記者を意味する。恋や酒をモチーフに、神秘主義的な境地と人間的で自由闊達な心を詠った。ハーフィズの詩は、イランでは隠れた真理を暗示する神聖な言葉と考えられ、占いにも用いられる。（NN）

染み → P.072

ゾヤ・ピールザード著　藤元優子編訳

『天空の家——イラン女性作家選』 段々社 所収

ゾヤ・ピールザードはイランのキリスト教徒であるアルメニア系の家庭に生まれた。作品では何気ない日常生活のなかの人間模様や細やかな機微が描かれる。フランス語をはじめとする各国語に訳され、欧米でも高い評価を得ている。（NN）

著者紹介

温又柔
おん・ゆうじゅう

1980年、台湾・台北市生まれ。小説家。3歳から東京在住。台湾語、中国語、日本語の飛び交う家で育つ。2009年「好去好来歌」ですばる文学賞佳作を受賞し作家デビュー。著書に『来福の家』『台湾生まれ日本語育ち』（白水Uブックス）、『真ん中の子どもたち』（集英社）、『空港時光』（河出書房新社）、最新刊は「よりみちパン!セ」シリーズより『「国語」から旅立って』（新曜社）。音楽家・小島ケイタニーラブと結成したユニット「ponto」の一員として演奏×朗読によるパフォーマンスも行う。

斎藤真理子
さいとう・まりこ

1960年、新潟市生まれ。韓国語翻訳者、ライター。『カステラ』（パク・ミンギュ、ヒョン・ジェフンとの共訳、クレイン）で第一回日本翻訳大賞受賞。訳書に『こびとが打ち上げた小さなボール』（チョ・セヒ、河出書房新社）、『ピンポン』（パク・ミンギュ、白水社）、『誰でもない』（ファン・ジョンウン、晶文社）、『フィフティ・ピープル』（チョン・セラン、亜紀書房）、『82年生まれ、キム・ジヨン』（チョ・ナムジュ、筑摩書房）など。韓国を楽しみ・味わい・語らう雑誌『中くらいの友だち』（韓くに手帖舎発行・皓星社発売）創刊メンバー。

中村菜穂
なかむら・なほ

1981年、岩手県生まれ。東京外国語大学大学院地域文化研究科博士後期課程満期退学。現在は大東文化大学非常勤講師。ペルシア語文学翻訳者、イラン文学研究者。共著に、森茂男編『イランとイスラム── 文化と伝統を知る』（春風社）、共訳書に『現代イラン詩集』（土曜美術社出版販売）、ジャーレ（アーラム＝タージ・ガーエムマガーミー）『古鏡の沈黙──立憲革命期のあるムスリム女性の叫び』（未知谷）、中東現代文学研究会編『中東現代文学選2012』、同編『中東現代文学選2016』がある。

藤井光
ふじい・ひかる

1980年、大阪府生まれ。米文学者、翻訳家。北海道大学大学院文学研究科博士課程修了。現在は同志社大学文学部英文学科教授。訳書にデニス・ジョンソン『煙の樹』、サルバドール・プラセンシア『紙の民』、ハサン・ブラーシム『死体展覧会』（いずれも白水社）、ダニエル・アラルコン『ロスト・シティ・レディオ』、セス・フリード『大いなる不満』、アンソニー・ドーア『すべての見えない光』、レベッカ・マカーイ『戦時の音楽』（いずれも新潮社）など。著書に『ターミナルから荒れ地へ「アメリカ」なき時代のアメリカ文学』（中央公論新社）、編著書に『文芸翻訳入門 言葉を紡ぎ直す人たち、世界を紡ぎ直す言葉たち』（フィルムアート社）がある。

藤野可織

ふじの・かおり

1980年、京都府生まれ。小説家。2006年「いやしい鳥」で第103回文學界新人賞（『いやしい鳥』河出文庫）、2013年「爪と目」で第149回芥川賞（『爪と目』新潮文庫）、2014年『おはなしして子ちゃん』（講談社文庫）で第2回フラウ文芸大賞受賞。その他の著書に、『ぼくは』（絵・高畠純、フレーベル館）、『木幡狐』（絵・水沢そら、講談社）、『パトロネ』（集英社文庫）、『ファイナルガール』（角川文庫）、『ドレス』（河出書房新社）など。現在、新潮にて連作短篇を発表中。2019年『私は幽霊を見ない』（KADOKAWA）刊行予定。

松田青子

まつだ・あおこ

1979年、兵庫県生まれ。小説家、翻訳家。2013年、デビュー小説『スタッキング可能』（河出文庫）が三島由紀夫賞、野間文芸新人賞の候補に。他の著書に『英子の森』『ワイルドフラワーの見えない一年』（ともに河出書房新社）、『おばちゃんたちのいるところ』（中央公論新社）。訳書にカレン・ラッセル『狼少女たちの聖ルーシー寮』『レモン畑の吸血鬼』、アメリア・グレイ『AM/PM』、ジャッキー・フレミング『問題だらけの女性たち』（すべて河出書房新社）。本と映画にまつわる文章を収録した『読めよ、さらば憂いなし』（河出書房新社）や日常の違和感や楽しさを綴った『ロマンティックあげない』（新潮社）などエッセイ集も。

宮下遼

みやした・りょう

1981年、東京生まれ。東京外国語大学トルコ語科卒、東京大学総合文化研究科単位修得退学。現在は大阪大学言語文化研究科准教授。専門はトルコ文学史、イスタンブル都市史。著書に『多元性の都市イスタンブル――近世オスマン帝都の都市空間と詩人、庶民、異邦人』（大阪大学出版会）、『無名亭の夜』（講談社）、共著に『世界の8大文学賞――受賞作から読み解く現代小説の今』（立東舎）他。訳書にトルコのノーベル文学賞作家オルハン・パムク『私の名は赤』『雪』『無垢の博物館』『僕の違和感』（いずれも早川書房）、『白い城』（共訳、藤原書店）、ラティフェ・テキン『乳しぼり娘とゴミの丘のお伽話』（河出書房新社）など。

長崎訓子

ながさき・くにこ

1970年、東京生まれ。イラストレーター。多摩美術大学染織デザイン科卒業。書籍の装画や挿絵、刺繍の図案、映画に関するエッセイなど多方面で活動中。主な装画の仕事として『武士道シックスティーン』（文藝春秋）、『億男』（マガジンハウス）など。作品集に『DAYDREAM NATION』『There's many dog shit in your house.』『COLLAGES』、漫画の作品集に『Ebony and Irony 短編文学漫画集』、『MARBLE RAMBLE 名作文学漫画集』（第19回文化庁メディア芸術祭マンガ部門審査委員会推薦作品）（ともにパイインターナショナル）。

協力者（50音順、敬称略）

浅井晶子
阿部賢一
金子奈美
キルメン・ウリベ
福嶋伸洋
福田義昭
沼野恭子

本にまつわる世界のことば

2019年 5 月20日　第 1 版第 1 刷発行

著　　者　温又柔、斎藤真理子、中村菜穂、藤井光、藤野可織、松田青子、宮下遼
絵　　　　長崎訓子
発 行 者　矢部敬一
発 行 所　株式会社 創元社
　　　　　本　　社　〒541-0047 大阪市中央区淡路町4-3-6　電話 06-6231-9010
　　　　　東京支店　〒101-0051 東京都千代田区神田神保町1-2 田辺ビル　電話 03-6811-0662
　　　　　https://www.sogensha.co.jp/

デザイン　近藤聡（明後日デザイン制作所）
印 刷 所　図書印刷株式会社
プリンティング・ディレクター　塩田英雄（図書印刷）

乱丁・落丁本はお取り替えいたします。
定価はカバーに表示してあります。
©2019, Printed in Japan
ISBN978-4-422-70121-9 C0095

JCOPY〈出版者著作権管理機構 委託出版物〉
本書の無断複製は著作権法上での例外を除き禁じられています。複製される場合は、そのつど事前に、出版者著作権管理機構（電話 03-5244-5088、FAX 03-5244-5089、e-mail: info@jcopy.or.jp）の許諾を得てください。

本書の感想をお寄せください　投稿フォームはこちらから▶▶▶▶

好評既刊　世界を旅するイラストブックシリーズ

翻訳できない世界のことば
エラ・フランシス・サンダース　著　　前田まゆみ　訳
164×188mm・上製・112頁・本体1,600円

誰も知らない世界のことわざ
エラ・フランシス・サンダース　著　　前田まゆみ　訳
164×188mm・上製・112頁・本体1,600円

信じてみたい　幸せを招く世界のしるし
米澤敬　著　　出口春菜　画
164×188mm・上製・112頁・本体1,600円

はかりきれない世界の単位
米澤敬　著　　日下明　イラスト
188×164mm・上製・112頁・本体1,600円

なくなりそうな世界のことば

吉岡乾 著　西淑 イラスト
164×188mm・上製・112頁・本体1,600円

窓から見える世界の風

福島あずさ 著　nakaban 絵
188×164mm・上製・112頁・本体1,600円

はじまりが見える世界の神話

植朗子 編著　阿部海太 絵
164×188mm・上製・132頁・本体1,700円

あの日からの或る日の絵とことば
──3.11と子どもの本の作家たち

筒井大介 編
188×164mm・上製・144頁・本体1,700円